AMORES LEJANOS

Por Niurka J. Hernández

ISBN: 978-0-692-15373-4

© 2018 By Niurka Hernández

Portada:
Obra ´´Como un Perfume´´, de la artista plástica Cornelia Hernández. Oleo sobre lienzo, 35.5´´x23´´.

Todos los derechos reservados. Está completamente prohibida la reproducción, total o parcial, de ninguna parte de este libro, de cualquier forma o por cualquier medio, electrónico, o mecánico, incluyendo grabaciones, o por cualquier sistema informático de almacenamiento y recuperación sin el permiso escrito del autor.

AGRADECIMIENTOS

A **Sor Josefa González**, por volver a ponerme en contacto con la literatura, y por su gran apoyo y motivación para la realización de esta obra.

A **Lina Bello Carela**, por tu siempre pronta diligencia en la investigación de los rudimentos necesarios para que publique este libro.

A ti, a ustedes, aquellos amores, reales e inventados, que inspiraron cada uno de estos poemas.

DEDICATORIA

A mi abuela paterna, Doña Olinda Pineda Mosquea (f), por enseñarme a amar la poesía a través de esos versos que nos recitabas, en nuestra infancia, a mis hermanos y a mi.

A mi padre, Gral. Cornelio Hernández, un gran poeta natural, compositor de décimas improvisadas y fascinantes.

A mi madre, Lic. Altagracia Pérez de Hernández, gran lectora, que me enseñó a amar la literartura.

A mis hermanos, especialmente a Francia Hernández, por recitar cada noche un poema para mi y entretenerme con los cuentos inventados al momento. Eres la verdadera poeta de la familia.

A Mercedes y Luciano Rondini, mis amados hijos por su gran apoyo, paciencia y comprensión.

RESEÑA DE LA AUTORA

Niurka Hernández nace en Santo Domingo, Rep. Dominicana. Es egresada de la Facultad de Arquitectura y Artes de la Universidad Nacional Pedro Henríquez Ureña (UNPHU), donde obtuvo el título de arquitecta. Madre de dos hijos, en la actualidad comparte su tiempo entre la arquitectura y la literatura.

¨**Amores Lejanos**¨ es su primer libro de poemas.

INDICE

Demasiado Amor.	Pag. 6
Agonizante Amor.	Pag. 8
Amores Lejanos.	Pag. 11
Atardecer en Ti.	Pag. 13
Aurora Sombría.	Pag. 15
Confusión o Cobardía.	Pag. 18
Domingos de Ausencia.	Pag. 22
El Olor del Tiempo.	Pag. 24
Esperaré.	Pag. 26
Estaciones de Amor.	Pag. 28
He Conocido a Alguien.	Pag. 29
Las Colinas de mi mente.	Pag. 31
Londres.	Pag. 33
¿Me Esperas?	Pag. 36
Noche Triste.	Pag. 37
¿Qué Me Pasa Contigo?	Pag. 39
¿Qué Me Queda?	Pag. 41
Solamente por Hoy.	Pag. 43
Te Conozco.	Pag. 44
Romance Ingles.	Pag. 47
Romance En Grecia.	Pag. 50
Añoranzas De Una Isleña.	Pag. 53
Carta De Amor.	Pag. 55
Las Hortensias Ya Se Han Ido.	Pag. 58
Ilusiones.	Pag. 59
¿Qué Te Parece?	Pag. 62
Mi Templo De Oro.	Pag. 64
Cuando Me Haya Ido.	Pag. 66
Despertar Del Romance.	Pag. 69
El Pasillo De Mi Mente.	Pag. 72
La Carta.	Pag. 74
Luna De Enamorados.	Pag. 76
¿Qué Si Te Amo Preguntas?	Pag. 78

6
DEMASIADO AMOR

Pareciera que ahora y por siempre cariño
ya no sufriré buscando el alivio,
de un gran amor que acalle mis ruidos,
pues en tus silencios he encontrado mi nido.

Demasiado amor este que yo siento,
demasiado grande lo que llevo dentro,
aquí prendido en el pecho ardiente,
en el corazón que reboza de recuerdos.

Eres esa esencia alada y divina,
que sube y exhala el aroma en la brisa,
eres pensamiento profundo y eterno
del amor tan grande que llevo aquí dentro.

¿Qué digo recuerdos? ¡De presentes!,
de lo que me has hecho sentir, aún latente,
de lo que yo exudo por mis poros al verte,
cuando tú me dices que aún tú me quieres.

Hoy sonrío siempre serena y etérea
como Mona Lisa segura y bella,
porque lo que siento por ti es tan grande
que me ha convertido en inmortal y volátil.

¿Qué será todo eso que sigue y persigue,
aquí junto a mí, eso que me insiste,
en que piense en ti por siempre tan fuerte,
aunque inútilmente haga esfuerzos a veces?

Me encuentro en el aire que sopla violento,
en la fresca brisa que huele a inciensos,
para que tú puedas olerme en el tiempo,
mientras yo te alcanzo, mientras yo te pienso.

¿Será que tú eres el alma adorada,
que nació conmigo a mi piel atrapada,
serás esa alma que llaman gemela,
la que no me suelta por más que se quiera?

Ya hoy mi vida libre es otra contigo,
porque me has cambiado completo el destino,
ahora vivo alegre en eterno delirio
pensando en el día que yo tenga tu abrigo.

Seré para siempre tu musa traviesa,
la que teje alas con hilos sin hebras,
para que tú vueles hasta aquí por las noches,
cuando con Morfeo recorras el orbe.

Eres tú mi príncipe amante y soñado,
al que Afrodita prometió ser amado,
por esa mujer que se llamaba Helena,
la que hasta Troya ha seguido tus huellas.

Eres el castillo antiguo y seguro
que guarda por siempre mi amor en sus muros,
entre tus guaridas secretas me escondes
para poseerme en sigilo en tus noches.

Eres tú mi sol, ese amante de siempre,
eres el amor que aquí late potente,
eres la canción que yo te componía
antes de nacer tú o yo todavía.

Oh, mi amor callado, grandioso y eterno,
gracias por amarme y llevarme a tu cielo,
gracias por atarme a tu pecho por siempre,
donde estoy contigo en pasiones ardientes.

Eres la ilusión que mantiene mi alma
al saber que un día abrazaremos la nada,
juntos tú y yo en catarsis de fuego,
llenando de amor luminoso el cielo.

Eres tú mi Eros y yo soy tu Psique,
eres tú Cupido y mi alma te entrego,
tu flecha dorada me ataca en fuego,
cuando yo te escucho por ti yo me muero.

Demasiado amor lo que siento contigo,
cuando te deseo y te quiero conmigo,
eres la pasión que me da adrenalina,
eres lo mejor que he vivido en mi vida.

AGONIZANTE AMOR

Me verás volar por todo el techo,
como un frío gélido de miedo,
sentirás que soy yo tu presencia,
que se ha escapado tu alma en tu ausencia.

En tus horas tristes, en las malas,
sentirás que alguien te acompaña,
seré entonces cálida y tibia
como dulce abrigo de una niña.

Soñaré contigo hasta que despierte,
me perderé de nuevo entre tus redes,
saciaré mi sed en tus placeres,
porque tuya seré hasta que desees.

Sentirás mis brazos en tu cuerpo,
sentirás calor aún en invierno,
pues seré yo tu tierno alivio
cuando se estacione en ti el obtuso frío.

Caminaré a hurtadillas por la casa,
para evitar que sientas mis pisadas,
te abrazaré sonriente enamorada,
pero no sabrás muy bien quién es que te ama.

Cavaré un lugar en tu consciencia,
para que no me olvides, aunque mueras,
fundiré en un beso mis sentidos,
para fallecer al fin contigo.

Cavaré una tumba por la noche
en tu almohada suave, en tu alcoba,
para así esconderme rauda dentro de ella
para que tú me sueñes como una estrella.

Te perseguiré por siempre a dónde vayas,
aunque siempre te recubran las montañas,
no habrá para mi lejano oriente,
porque tú me llevarás siempre en tu mente.

Creerás que ha sido el destino
el soñar conmigo ese domingo,
en realidad entraré en tu memoria
como fiel fantasma de las horas.

De tus horas bajas, las profundas,
las que todos temen cuando hay luna,
la de los recuerdos y las dudas,
las de amores raros, las de brujas.

¿Saldrá el sol o siempre será noche oscura,
veremos la luz, o acaso saldrá la luna,
permanecerá la noche tan etérea,
para seguir cubriéndonos eterna?

¿Y qué día es hoy?, ¡ya no recuerdo!,
ni en qué año estamos ni en qué tiempo,
¿serán esos años de Victoria,
la reina más famosa de Europa?

Este amor que siento es tan profundo,
que la luz no ve, que está oscuro,
permanece fiel en mi presente,
no puedo escapar, pues me detiene.

¿Tomarás el té conmigo siempre,
o tan solo eres parte de un sueño,
eres tú real o yo te invento?
¡Oh, por Dios, qué pasa, yo enloquezco!

Viviré feliz en las tinieblas
de tu mente incrédula e incierta,
ya no sé si existes o te invento,
creo que en verdad al fin he muerto.

Te veo en mi cama, en mis historias,
te veo en las fotos de alguna antigua boda,
¿eres tú el novio y yo la novia,
o eres un invitado más a la ceremonia?

¿Qué somos tú y yo, somos amantes?,
o seremos solo dos cobardes,
que se niegan ciegos a encontrarse,
aunque estén frente a frente en una calle.

Ya no atino a saber ni quiénes somos,
seremos silencio oscuro y sordo,
ya no veo la luz en mi consciencia,
creo que estoy muerta y te lamentas.

En castigo entonces continuemos,
en procesión silente este entierro,
caminemos torpes a la tumba,
de este amor que muere en la penumbra.

Lloras en la cama por tu amada,
¿seré yo, o de quién es esa bata,
la que agarras fuerte entre tus manos,
con lágrimas secas y tragando?

¡Oh, por Dios, soy yo, yo te he dejado!
Prometí no hacerlo y me he marchado,
ahora estás sufriendo desconsolado,
porque no cumplí con lo pactado.

Es por eso toda esta tortura,
ya tú no me sientes, tienes dudas,
creo que esta oscura y triste bruma,
es el denso infierno que me exhuma.

¡Estoy muerta, creo, no te veo!,
te perdí de nuevo en mis recuerdos.
No, no sueltes jamás ya esa bata,
que yo vivo en ella, aunque me vaya.

No, no cierres nunca esa puerta,
para que yo entre en tu consciencia,
para que no puedas tú ya olvidarme,
para que no ames tú jamás a nadie.

Abraza fuerte, fuerte esa almohada
donde he enterrado yo mi alma,
cuando alegre junto compartía
mi amor puro contigo aquel día.

No, no guardes nunca ese álbum,
déjame ver las fotos que tomamos,
esa feliz noche de la boda,
cuando prometí amarte hasta ahora.

Te mentí, pues dije que te amaría,
solamente hasta que la muerte nos separara,
estoy muerta y aquí sigo perdida,
amándote aún tanto todavía.

¿Qué me pasa? ¡Yo me desvanezco!
Me estoy convirtiendo en un recuerdo,
no me sueltes, aprieta esa bata blanca,
¡por favor, no dejes que me vaya!

Adiós, adiós cariño mío,
estaré contigo en el vacío,
de esta casa fría que es mi tumba,
el día que conmigo te reúnas.

 No, no me escuches, no vengas nunca,
quiero que tú vivas, aunque yo sufra,
sé feliz y cásate de nuevo,
que yo aquí por siempre, siempre espero.

AMORES LEJANOS

Tengo en mi pecho un anhelo, una esperanza,
de volver a tenerte aunque sea en la distancia,
de encontrarme contigo en un día cualquiera,
caminando en las calles o parado en la acera.

Me imagino entonces que todo es posible,
que si cierro los ojos me volveré invisible,
caminaré en el agua y cruzaré así los mares,
para llegar hasta ti sin sentirme culpable.

Te veré a escondidas por las calles desnudas,
desiertas de gentes sin que nadie me interrumpa,
solamente tú y yo como siempre quisimos,
sin ningún curioso sin ningún testigo.

Hoy que vuelo hacia ti en forma de poema,
mis pensamientos son letras en páginas de perlas,
quizás algún día tú encuentres estas notas,
y descubrirás que mi amor era el tesoro en la ostra.

Has venido a salvarme de tantas maneras,
has hecho que yo me sintiera despierta,
que no me conforme, que mire al futuro,
a pesar de que en él no haya nada seguro.

Eres mi amor bonito con aires de inocencia,
aquel que me toca solamente con pureza,
ese que durará para toda la vida,
en mi alma soñadora que se viste de niña.

Quizás nos encontremos, quizás no vuelva a verte,
pero segura estoy que no dejaré de quererte,
con saber que estás bien me sentiré pagada,
de esta vida que llenaste de emociones atrasadas.

Hasta luego y hasta siempre mi amor en la distancia,
nunca dejaré de soñarte, de sentirme conectada,
no importa con quién vaya por las calles del brazo,
siempre habrá algo tuyo que me siga despacio.

Serán tus emociones que sentiré eternamente,
sabré cuando estés triste o sonrías de repente,
no te dejaré nunca, te seguiré siempre,
desde donde me encuentre te encontrarás presente.

Y ahora no sé cómo terminar este poema,
mi pluma no deja de producir tantas letras,
parece que pensara que si ella parara,
tú también te irías, tú también te escaparas.

Solo puedo decirte que te agradezco tanto,
que llenaras mi vida de suspiros y encantos.
Ahora quiero sentir cada día despacio,
para saborear la vida llena de entusiasmo.

Recordaré pensarte, recordaré soñarte,
no necesito nada más para poder amarte.
Donde quiera que estemos estaremos juntos,
mi mente será un poema donde viviremos seguros.

ATARDECER EN TI

Y solamente en ti yo caliento,
mi desnudez pálida y menuda,
pequeña entre tus brazos, en la bruma,
al atardecer cubierta de recuerdos.

Es que te amo, es que en ti pienso, y sonrío,
las mil y una noches en ti yo vivo,
en el noctámbulo palacio del recuerdo,
en el desierto taciturno de mis sueños,
eres tú el oasis, lo único que quiero.

Me abrazas, y pones tu piel, tu figura,
sobre la mía tendida en la cama, desnuda,
como una escultura antigua de plata,
bruñida por tus manos tan amadas.

No sé qué será, pero te presiento,
yo te siento tanto aquí en mi cuerpo,
en mi bienestar también te rezo,
me gusta sentirte, ¡lo confieso!

Como si en un escultor te convirtieras,
le das la forma a mis caderas,
al hacerme tuya con esmero,
antes que el amanecer llegue de nuevo.

Cuando inhalo el aire que respiro,
cuando al despertar quiero tenerte yo conmigo,
me pongo a temblar de tanto frío,
si al buscarte encuentro yo el vacío.

Y me doy la vuelta intranquila,
oliendo las sábanas encima,
cubierta de sedas coloridas,
preparadas con ansias a escondidas.

Me siento por ti yo tan amada,
cuando estoy contigo en la cama,
cuando tú acaricias con tus ganas,
a esta mujer que tanto te ama.

Y vuelvo a sentirme yo tan tuya,
cuando me acaricias con dulzura,
cuando me estremezco yo de nuevo,
entre tus deseos y mis dudas.

Y veo la luz ahí afuera,
que quiere acallar también mis penas,
esas que he sentido estando a solas,
cuando tú te vas en la aurora.

Cuando el atardecer se ha marchado,
dando paso a las tinieblas,
las que me asustan ahogando
el llanto amargo que me pesa.

El amanecer se torna entonces,
 en puras sombras espantosas,
porque me quedo yo tan sola,
cuando me visita la aurora.

Y viene a mi aquel recuerdo,
de aquellos labios aún tan frescos,
esos que me besan en la niebla,
cuando cae la noche y el sereno.

Eres tú mi sol poniente,
ese que baja de repente,
para dar paso a la luna,
grande, tímida e insegura.

Pues hasta la luna se intimida
después de ver cómo tú brillas,
de sentir cómo calientas con tus risas,
esta tarde que muere ya de prisa.

Atardecer en ti, ¿quién lo diría?
después de tanto tiempo,
de olvidados momentos,
después de tantas lunas
volver hasta tus dunas,
en tu desierto eterno,
solitario, mágico e inmenso...

El amanecer ya lo presiento,
y junto con él la despedida,
la que te llevará lejos de mi vida,
la anunciada, la lúgubre, la deprimida.

Por no saber cuándo será el momento
de un nuevo atardecer en tus aposentos.
Atardecer en ti,
¿por cuánto tiempo?

AURORA SOMBRÍA

Eres de humo,
apareces siempre en mi tristeza,
para acompañarme a veces sin la certeza
de que te volverás real en mi cabeza.

.Me quedé con deseos de hablarte,
de contarte tantas cosas importantes,
tantos pensamientos aún triviales,
pero que a ti pudieran interesarte.

¿Quién eres,
que me emociona tanto el tenerte,
que imagino todo lo que sientes,
que me hace volar tan dulcemente,
con livianas alas aún sin corriente?

Te extraño mucho,
me acostumbro pronto al cariño seguro,
cuando encuentro en otro la dulzura que busco,
para completar mi existencia sin futuro.

¿Eres el aire?
¿Acaso muero si tú faltases?
Eres el viento gélido y frío,
que me estremeces en un instante,
cuando te pienso a solas en las tardes.

Cuántos sueños tengo a diario,
y me veo al lado de alguien invisible,
que sonríe conmigo siempre tiernamente,
pero que en realidad aún creo que no existe.

¿Por qué no vienes?
Y dejas a solas a quien te tiene,
ven a abrazarme y que sea muy fuerte,
porque te necesito y quiero verte,
hazme el amor como un imberbe,
luego regresas, desapareces.

No tienes rostro,
no puedo verlo de ningún modo,
puedo sentirlo al cerrar los ojos,
palpo tus labios con mis antojos,
no son reales y me alboroto,
aunque los siento y me sonrojo.

No tienes brazos,
porque no existes, pero te abrazo,
siento tu pecho yo al tocarlo,
con el sentido de la distancia
que nos separa, aunque a ratos,
siento tus dedos yo muy despacio,
que me recorren la piel tocando
todos mis puntos, te siento tanto.

¡Cuánto te quiero!
Paseo contigo, aunque no puedo,
porque eres tiempo y no tienes forma,
eres deseo que me deforma,
el inconsciente que se transforma
cuando te siento en mi memoria.

Eres recuerdo,
real, ficticio, pero recuerdo,
tú cobras vida en mis historias,
pero no existes, no tienes boca,
aunque la siento rozar las ropas,
me las desgarras con la mirada,
de ojos inciertos que inspiran ganas.

¡Cómo me besas!
Siento tus besos en mis mejillas,
besas mi frente, también me excitas,
pero en la bruma desapareces,
no eres real, tampoco entiendes,
eres fantasma del subconsciente.

¡Te necesito!
Aunque no crea yo en el destino,
te espero quieta con mi vestido
blanco, radiante, como adivino,
que querrás verme cuando aparezca,
como una sombra de realeza,
frente a tu casa, tocar tu puerta.

Eres mi príncipe,
azul o rosa, eso no importa,
eres el ser que a mí me enamora,
eres el sol que a mí me calienta,
cuando el amor me mueve la rueda,
de lo irreal y de lo que fuera,
de sueños húmedos y rarezas.

Soy Cenicienta,
Bella durmiente y quinceañera,
mujer que siente, como una estrella,
que resplandece cuando apareces
iluminándome dulcemente,
frente a mi cama, en mi conciencia,
cuando dormida haces que sueñe,
con el amor como adolescente.

Eres un ángel,
quizás con alas, quizás cortadas,
aparición en noche de hadas,
un caballero con una espada,
que me enamora con la mirada,
y cuando sonríes quedo atrapada,
en el castillo, torre muy alta,
sube a buscarme con valentía,
y di con orgullo: ¡ya eres mía!

Real te has vuelto,
te he conocido, yo lo presiento,
que se acabaron todos mi ruegos,
porque tú eres lo que esperaba,
mi fantasía acariciada,
cuando en las noches te idealizaba,
mojando a ratos mis almohadas,
silencio amargo en mi morada.

Hoy me llamaste,
y mis latidos aceleraste,
creí morirme en el desgaste,
al escuchar cuando tú me hablaste,
cuando mi nombre tú susurraste,
en un ¡te quiero! interminable.

Cerraste pronto,
y me dejaste triste de nuevo,
con el deseo de conversarte,
te despediste con un ya es tarde,
llamaré pronto, te lo prometo,
y mi corazón lo embalsamaste.

Soy una momia,
guardo enfrascados mis sentimientos,
me siento sola, hoy no lo niego,
te necesito mucho yo ahora,
para poderme volver aurora,
aunque sombría seguiré sola.

Vuelvo a olvidarme,
que tú ya existes, que eres alguien,
que tienes rostro, que tienes planes,
y que acordaste volver a amarme,
como hace tiempo no lo hace nadie.

Vuelve el fantasma,
a visitarme durante el sueño,
en la vigilia de mis recuerdos,
en la memoria de mis nostalgias,
en la agonía de mis lamentos,
en la esperanza de mis anhelos,
eres amor y yo te deseo.

CONFUSIÓN O COBARDÍA

Cobarde, aunque mis besos
solo a él quisiera darle
entregarle mil detalles
preparados por las tardes,
cuando él regrese a casa
cansado de sus pesares,
esperarle yo sonriendo
y que descanse en mis mares.

Yo no sé cómo llamarle
a lo que me ha sucedido
he dejado en el vacío
al amor que me ha querido
no sé si fue solamente
el temor a lo prohibido
o es que no supe quererle
como él ha merecido.

¿Cómo he podido perderte
si eres tú por quien suspiro,
si eres tú quien quita el frio
con el abrigo de este idilio?

Me ofreció la luna entera
y volar a las estrellas
ser piloto de mi nave
y llevarme donde quiera.

¿Cómo he podido apartarte
si te tengo aquí conmigo
viviendo dentro del pecho
como un órgano escogido?

Ya no tengo corazón
porque lo tienes contigo
no es mi cuerpo, es mi alma
que te entrego en un suspiro.

Tuve tanto miedo yo
de que no fuera suficiente
el amor que le profeso
y que me acusara de hiriente.

¿Fue temor, fue cobardía?
No sabría qué llamarle,
pero él jura que yo he sido
una mujer muy cobarde.

Cobarde, cobarde soy
por no irme en el latido
de tu amante corazón
cuando me sientes contigo.

Las historias no se hacen
de los amores cobardes,
pero ésta se ha narrado
porque tú estás en mi sangre.

Eres el líquido rojo
que se esparce por mis venas
eres el aire que toco
al suspirar yo con mis penas.

Sufro, sufro el martirio
de dejarte ir con ella
por no atreverme a seguirte
al confín de las estrellas.

Tan solo espero que tú
sepas que sí te he querido,
y que mientras viva yo
tú vivirás aquí conmigo.

Eres mi pecho que late
cuando deseo encontrarte
en mi mente, en mis naves
como siempre tú soñaste.

¿Confusión o cobardía?
¡Cómo podría llamarle!
Qué más da si ya te has ido
y yo no podría alcanzarte.

Sin embargo yo te digo
que mientras yo pueda pensarte
seguirás tú siendo mío
como el fluir de mi sangre.

No dejaré de soñarte
aunque te encuentres ya lejos,
siempre serás el reflejo
en el estanque del parque,
cuando mire yo mi rostro
cuando yo salga a buscarte
en el espacio vacío
que dejaste esa tarde.

Tienes sed, yo tengo frío,
soy el agua, tú el abrigo
moriremos sin saciarnos
si tú no regresas conmigo.

Ven amor, ven a buscarme
olvidemos lo prohibido,
quién soy yo para negarte
lo que tú ya te has bebido.

Son mis besos el embalse
de tus aguas necesarias
para saciar esa sed,
esa la que a ti te embarga.

Son tus brazos la morada
que me abrigan tiernamente,
quitando con tu caliente
este frío que me mata.

Confusión es lo que tuve
en un irreal delirio,
al dejarte ir con otra
sabiendo que tú eras mío.

Ya pasó, ya estoy clara
la lucidez volvió conmigo,
ven que te esperan mis besos
esos que tanto has querido,
los que te guardé anoche
cuando te envié al olvido
por confusa, por cobarde
por negarme a irme contigo.

Ven que te espero hirviendo
de pasión desesperada,
con el amor que va creciendo
quiero que llenes la nada,
y lo conviertas en todo
para la desahuciada,
la mujer que muere lento
esperando ser amada,
por ese amante valiente
que se atreverá a raptarla
en la noche que arda Troya
como a Helena la casada,
que abandonó todo un reino
por el amor que la quemaba.

Ven mi príncipe amante,
ven que espero ataviada,
para irme yo contigo
a donde tú quieras que vaya,
no importa el lugar que escojas
yo te seguiré encantada,
eres el mismo de siempre
yo la de Afrodita enviada,
esa, la mujer que quieres
aunque te cueste la calma.

Somos amores ardientes
los amantes de batallas,
con estos deseos hirientes
que se curan en la cama,
ven sáname con tus labios,
susúrrame en la almohada,
dime cuánto tú me quieres
y yo te diré lo que hagas,
lo que hagas con mi aliento
pues ya no me queda más nada,
todo te lo he dado ya
a través de una mirada,
el amor, pasión que se enciende
solamente entre tus sábanas,
esos amores que matan
a las princesas casadas.

Que arda Troya, ya no importa
que se libren mil batallas,
yo soy tuya amor mío
escapémonos mañana,
que el sol saldrá donde quiera
donde quiera que te vayas.

22
DOMINGOS DE AUSENCIA

Te voy a amar en silencio
a ver si tú también me extrañas,
contendré mis ganas de hablarte
para saber si yo también te hago falta.

Tantos días sin sentirte
me roban el aire puro de repente,
dentro de mi pecho algo se ahoga inmensamente.
¿Será que te quiero todavía,
que este amor es más fuerte que la muerte?

Domingos eternos que duran más que un día,
las horas interminables sin saber de ti todavía.
Inspiras mi alma y me conviertes en poeta,
para decirte en el aire lo que de ti mi vida espera.

Me despierto por las mañanas
y aún con la vista nublada,
te envío un pensamiento
que vuela sin tener alas.

Espero que me sientas,
espero que me extrañes,
como yo vida mía
lo hago a cada instante.

Ha pasado una vida, una eternidad incalculable,
y este domingo triste parece no acabarse.
Anhelo con ahínco la llegada del lunes,
para ver si vuelvo a verte, para ver si puedo tocarte.

Afuera brilla el sol de un verano agradable,
pero mi corazón está cubierto de nubes inexplicables;
¿será que esto es amor, o simplemente es hambre,
necesidad de ti, deseos de abrazarte?

Este domingo triste recuerdo sin embargo,
que por más que te anhele nunca podré alcanzarte;
recuerdo tristemente que tu vida ya no es mía,
y que solo en mis sueños yo tendré tu compañía.

Mi alma vuela entonces con dos alas invisibles,
corre tras la tuya allá donde tú existes,
comprendo de repente que por más que me huyas,
siempre encontraré la manera de que me sientas tuya.

Este domingo triste se transforma en alegre,
porque a partir de ahora ya no volveré a perderte,
descubro que mi espíritu en hada se convierte,
cuando de ti se trata, cuando se trata de tenerte.

EL OLOR DEL TIEMPO

¿A qué huele el tiempo cuando pasa,
será a chocolate y a café,
ese aroma ardiente del deseo
cuando tú me amabas otra vez?

Cuando en el fulgor de la mañana
yo me recostaba sobre ti,
cuando el desayuno en la cama,
te gustaba a ti traerme a mí.

¿A qué huele el tiempo cuando pasa,
será a frutas frescas y a miel,
cuando fui tan tuya, tan amada,
cuando a Grecia tú me fuiste a ver?

El salitre vuelve al recuerdo,
el aroma que quema mi piel,
ese mar turquesa y mis sueños
en tus brazos sintiéndome mujer.

¿A qué huele el tiempo cuando pasa,
será a recuerdos empolvados de sal,
será a nostalgias cubiertas de nata,
a momentos dulces y amores de mar?

Ese perfume fresco que me trae la brisa,
ese olor mojado de la tierra al llover,
ese aroma tibio de alguna caricia,
que me diera alguien en algún ayer.

¿A qué huele el tiempo cuando pasa,
será a los recuerdos del amor,
será a la nostalgia de no verte,
al oler el aroma de esa flor?

Ese aroma lleno de tus besos,
al oler el perfume de alguien más,
ese que usabas hace tiempo,
cuando reposabas en el desván.

¿A qué huele el tiempo cuando pasa,
será a lágrimas saladas o a cal,
a paredes húmedas, rasgadas,
de esas casas viejas y a humedad?

Paredes de esas casas con historias,
esas que al recuerdo vuelven hoy,
al oler la bruma en mi memoria
de aquella donde me hacías el amor.

¿A qué huele el tiempo, me pregunto,
a qué huele el amor cuando se va,
cuál es el aroma del recuerdo,
cuál es el olor del tiempo atrás?

ESPERARÉ

Hoy no parece un buen día para escribir, porque hoy las lágrimas han rodado sin parar por mis mejillas, y parecieran rodar también por mi corazón.
Hoy he sentido un profundo vacío dentro de mí que no me ha dejado más camino que buscarte para que lo ocupes, porque solamente tú me sabes llenar completamente.

¿A dónde fuiste hoy, a dónde te escapaste? Te he buscado en mi café, en las nubes cargadas de lluvia y en los aviones que sobrevuelan cerca de mi ventana. ¿A dónde fuiste a esconderte para que no te alcance mi fe, para que no pueda deslumbrarte con mi mirada?

Hoy te he extrañado tanto, que mis ojos parecen de cristal al buscarte mis lágrimas en ellos. Mis anhelos se estacionaron frente al mar de mi memoria, a ver si se va el frío que me cubre, pero ni el sol de los recuerdos logra calentar el miedo de mi ser.

¿A dónde te has ido que no me llevaste,
dónde te escondes que no logro sentirte?
Ni mis pensamientos pueden alcanzarte,
porque tú también hoy te has sentido triste.

¿Acaso te has vuelto silencio
para que yo no escuchara en la calma,
por qué si he querido abrazarte,
hoy solo he encontrado a la nada?

¿Qué haré si no vuelvo a escucharte,
si me llegara de repente el olvido,
si ya no soñaras conmigo en las noches,
y si yo ya no vuelvo a soñar más contigo?

Si tú eres la luz de mis días,
¿cómo me alumbro si ya está apagada?
Vuelve, vuelve amor que me muero,
y si no llévame hasta tu casa.

Hoy mi boca ha querido besarte,
y mis labios se han vuelto rocío,
si sentiste humedad en el viento,
son los besos que yo te prodigo.

No me importa al lugar donde vaya,
si a tu lado me encuentro yo atada;
son tus ojos la luz que me guían,
son tus ganas mi última morada.

¿Cómo puedo mi amor alcanzarte
y pedirte que vuelvas conmigo?
¿Cómo puede extrañarse tanto
a un ser con quien nunca has vivido?

Esperaré, esperaré a mañana,
a ver si me encuentro contigo,
en la dulce caricia no dada,
y en el cálido abrazo del frío.

¿Cómo puedo respirar más ahora
si ya no respiras conmigo?
¿Dónde te has ido mi vida,
que no logro sentir tu presencia,
ni en la lluvia que moja mi alma,
ni en la bruma de mis abstinencias?

Hoy la noche ha borrado tus huellas,
hoy solamente he sentido vacíos,
quizás si me duermo temprano,
tú también te duermas conmigo;
y podamos soñar finalmente
que para siempre
estaremos unidos.

ESTACIONES DE AMOR

Hoy, mirando una estrella
pienso en el nombre de una canción,
esa que habla entre letras
sobre la luz de mi corazón.

Son esos ojos tuyos
como dos soles que han de alumbrar,
aquel oscuro camino
que era mi vida sin tu mirar.

Cuento las hojas secas
que voy pisando al caminar,
en el otoño dorado
que poco a poco se queda atrás.

Luego vendrá el invierno
de blancos copos y frio placer,
al recordar tus besos ardientes
en mis soledades al amanecer.

Inspiro cada mañana
el dulce rocío a mi alrededor,
soñando, aún despierta
en la primavera de mi ilusión,
oler los rosales tibios
que en mis jardines van a crecer,
con ese aroma tranquilo,
sereno y fresco de mi querer.

Así me paso las noches
en añoranzas cada estación,
pintando con mis poemas
las ilusiones del corazón.

Ansío con mis colores
calmar a ratos esta ansiedad,
haciendo esta dulce espera
más soportable en la soledad.

Anhelo fervientemente
mis emociones te toquen ya,
como un beso tibio
dado en silencio al suspirar.

Recibe este poema
hecho con letras de puro amor,
siénteme cerca, siénteme tuya
con estos hilos de mi pasión,
que a través del otoño
y del blanco invierno te hago llegar,
tejiendo ideas, tejiendo sueños,
que en primavera florecerán.

HE CONOCIDO A ALGUIEN

He conocido a alguien,
que con su dulzura tiernamente ha susurrado
palabras tan bonitas que me han sonado,
como las olas que vienen y van.

He conocido a alguien,
que su sonrisa adivino al leer sus palabras,
que la calidez de su alma traspasa la pantalla,
y que cada madrugada me alegra esperar.

He conocido a alguien,
que ha llegado a mi vida como un soplo,
recordándome al ver en sus ojos
el verdadero significado de orar.

He conocido a alguien,
que al levantarme me ha robado una sonrisa,
al recordar el desvelo de las noches,
cuando no podemos despedirnos en el chat.

He conocido a alguien,
tan tierno como un abrazo soñado,
con el corazón tan dulce como la mirada
de un niño que se siente bien amado.

Sus palabras tan precisas como el eco,
dichas en el justo momento,
adivinando cada sentimiento
que inútilmente trato de ocultar.

Su amor divino,
que reboza por encima de todo lo que dice,
que resplandece todo cuanto nombra,
con el fuego ardiente de su Fe.

He conocido a alguien,
que en milagro ha convertido mi existencia,
porque él se ha vuelto esa presencia
que recuerda a Jesús en cada ser.

He conocido a alguien,
que deslumbra a todos con su paso
porque es siempre tan apasionado
que su espíritu se escapa por la red.

He conocido a alguien,
a quien pienso en la soledad de mis mañanas,
cuando camino de la mano con la nada,
esperando para volverlo a leer.

Te he sentido,
cuando hablas de todo lo vivido,
abrazando tus pasiones como un niño,
contagiándome con tu amistad.

Quisiera verte,
conocerte con los otros sentidos,
poder tocarte y que sientas conmigo,
que me has liberado de mi soledad.

Sigue soñando,
que tus sueños tienen luces de estrellas,
que las nubes has tocado con ellas,
que a tu cielo yo quisiera llegar.

Eres un ángel,
que una noche te crecieron las alas,
que predicas con tan bellas palabras,
que es posible que me puedas ganar.

LAS COLINAS DE MI MENTE

¿Y quién eres tú que habitas
en las colinas de mi mente
que avivas así mi frente
en pensamientos insolentes?

Te sueño por las noches
y de madrugada puedo verte
haciéndome sentir a veces
como una niña inocente.

Toco tus suaves pieles
con mis deseos ardientes
tu ternura la conviertes
en blanco ardor de mis pinceles.

Capto tu dulce esencia
en paisajes sin verdes,
pues el amor que inspiras
es solamente de nieve.

Nieve no porque es frío,
sino por puro e inocente,
tu blancura me acaricia
en miradas ardientes.

¿Quién eres tú que visitas
las colinas de mi mente,
cuando serena te observo
dormitar en mis haberes?

Dulce, tierno y sombrío
es ese rostro que tienes,
y es tu sonrisa traviesa
como el olor de claveles.

Sal de aquí que me confunde
tu candidez indeleble,
sal pronto y deja a solas
las colinas de mi mente.

Vete, no ves que te quiero,
que yo quiero que te quedes,
sal de aquí que no puedo,
que yo no puedo quererte.

Camino a solas y desnuda
sin tu amor que me acompaña,
en mi mente, en las montañas
de mi esperanza frustrada.

Ven que quiero tenerte,
no deseo que te vayas,
quédate quieta y dormida,
casi amanece en mi cama.

Eres la musa traviesa,
la que me vuelve cansada,
cuando me dictas los versos,
esos versos de mi alma.

LONDRES

Háblame de la gente
que en la calle camina,
dime de la realeza,
¿qué me puedes decir?
¿Es cierto que a las cinco
de la hora europea,
el té está servido
siempre para ti?

¿Cómo es Londres?
Espero conocerlo
a través de tus ojos,
nárralo para mí,
cuéntame qué sientes
los domingos temprano
cuando amanece el cielo
teñido así de gris.

Dime cómo se siente,
el volante a la derecha,
cuando conduces lento
las calles de esa ciudad.
¿Acaso extrañas tocar,
con cierta valentía,
las piernas de una chica
cuando tú solo vas?

¿Es cierto que llueve,
casi siempre a diario?
Es cierto que es triste
estar solo allí?
¿Qué sienten tus labios
cuando un beso añoran
de la mujer amada
y no está junto a ti?

Háblame del Palacio
donde trabaja la reina,
¿es cierto que sus guardias
no saben sonreír?
Dime si los has visto
y te ha sorprendido,
lo rígido del gorro
que lucen frente a ti.

Cuéntame si alguna noche
has extrañado a América
con nuestros edificios,
quizás el Empire State,
cuando a lo lejos
tú observas las luces
de algún rascacielos
que alcanzas a ver.

¿Es cierto que en las noches
la Torre de Londres,
las apariciones
tétricas se harán?
¿Has sentido miedo,
al oír de eso,
o es simplemente
una falsedad?

Quiero con tus ojos
poder tocar la lluvia,
mirar el espejo
del agua junto a ti,
háblame un poquito
de lo que tú sientes
cuando el rocío
cae sobre ti.

¿Has visto acaso
cuando la bandera
ondea orgullosa
ahí en Buckingham,
muestra de que adentro
trabaja la reina,
dándote un poquito
de curiosidad?

Y, ¿qué hay de las chicas,
y de los caballeros,
es verdad el mito
de su educación,
son así de serios
o más divertidos,
como Mr. Bean,
ese gran actor?

Y ¿qué hay de los Beatles,
aún siguen sonando,
en alguna plaza
cerca de algún bar,
o son un recuerdo
de lo que ellos fueron
allá en los sesentas
y olvidados ya están?

Dime si te gusta
vivir en ese sitio,
dime si me extrañas,
y quieres volver,
aunque no me has visto,
con tus ojos bellos,
sé que me has sentido
y me quieres conocer.

Soy un poco osada
cuando escribiendo
afirmo lo que sientes
sin decirlo tú,
me gusta imaginarme
que en otro suelo
alguien mira el cielo
buscándome a mí.

Espero su carta,
dulce caballero,
espero con ansias
volverle a leer,
mañana a las cinco,
yo se lo prometo,
tomaré el té,
pensando en usted.

¿ME ESPERAS?

Me esperas, ¿verdad que me esperas?,
y te despiertas exaltado,
con el latido feroz de tu pecho
tratando de saber si he llegado.

Me esperas, yo sé que me esperas,
tendido sobre la cama en silencio,
en compañía tan solo del frío
que se ha estacionado en tus huesos.

Esperas verme parada en tu puerta
en una noche sombría de invierno
titiritando y muriendo de frío
deseando calentar mis recuerdos.

Esperas verme vestida de blanco
sentados frente a tu hoguera,
con una taza de amor en las manos,
tejiendo juntos una historia completa.

Me esperas en cada navío
que llega al puerto cada mañana,
en cada vuelo que remonta el cielo,
y en cada playa de arenas blancas.

Tus lágrimas corren amargas
mojando tus mejillas saladas,
aspirando en silencio el aroma
de la mujer que más amas.

Me esperas, ¿verdad que me esperas?,
con la esperanza de verme en secreto,
para abrazarnos bajo la lluvia
mirando juntos los dos hacia el cielo.

¿Qué haremos entonces cariño,
cuando me tengas parada,
frente a tu puerta esta noche
esperando a que tú me abras?

¿Me aguardará ese abrazo tibio,
que has prometido entregarme?
¿Me besarás de nuevo en los labios
para que pueda yo calentarme?

Ábreme amor que me enfrío
aquí estoy para que me ames,
prende la hoguera cariño,
que he venido a quedarme,
para que hagas conmigo
lo que quieras al amarme.

Ya ha acabado al fin la espera,
ya no llueve aquí en la calle,
el invierno ya se ha ido,
solo hay calor en el aire,
porque me encuentro en tus brazos
como anoche tú soñaste,
haciendo el amor contigo
como hacen los amantes.

NOCHE TRISTE

Eres el dulce romance
que siempre anhelé en mi vida,
eres letra, eres frase
que a escondidas yo escribía.

Son tus labios mis recuerdos,
mis memorias más bonitas,
de aquellas noches contigo
que a mi lado compartías.

Hoy quiero dormir contigo,
recostada en tu pecho,
desnuda el alma de abrigos,
sintiendo tu latir sereno.

Tus palabras susurradas
en ronca voz esculpidas,
hoy me llenan el espacio
de tu presencia vacía.

¡Cuánta calma huele el alma
cuando el amor la visita,
cuantas ganas siente el cuerpo,
cuando el amor así habita!

¿Cuándo, amor, volveré a verte,
cuándo otra vez sin salida,
abrazándome a tu cuerpo
que nunca otra vez dejaría?

Hoy te has vuelto ese poema
que hace tiempo componía,
en las noches del desierto
desamor que yo sentía.

Son mis noches como el cielo
lleno de estrellas sombrías,
pues sus luces apagadas
ya no iluminan mi vida.

Porque ansío tu regreso
a esta casa que no es mía
porque sigue siendo tuya
aunque la dejaste vacía.

Mis pasos sordos retornan
a sonar en mis rincones,
dando vueltas a la espera
que regreses una noche.

Dulce espera, dulce noche,
sin embargo la que vivo
aquietando así mi alma
evitando así el olvido.

Cuanto espero es tu regreso
para volver a soñar despierta,
mientras tanto, cómo duele!,
esta larga y triste espera.

Duerme, duerme amor en mi nostalgia,
descansa la noche eterna,
que algún día nuestras almas
despertarán para siempre cerca.

¿QUÉ ME PASA CONTIGO?

Cuando escucho tu voz se detiene la nada,
cuando te escucho hablar ya no pienso en más nada.
Iluminas mi vida con tan solo escucharte,
con oírte reír me conviertes en alguien.

Eres el ser que vino a llenarme de magia,
el tremendo vacío que cubría mis ansias,
cuando te escucho hablar yo sonrío embrujada,
se elevan mis pisadas, y hasta la tierra se ablanda.

¿Por qué me pasa eso, a veces me pregunto?
¿Por qué el pensamiento en ti es tan profundo?
Me escondes la mirada por siglos infinitos,
pero una sola palabra que me digas al oído,
y mi espíritu apagado se despierta en un suspiro.

¿Quién te puso en la tierra mi amante favorito?
¿A quién le debo dar gracias por lo que haces conmigo?
¿Será solo a tus padres, será algún gran espíritu,
será que tú has nacido para ser tan solo mío?

¿Qué gran magia es esa la que me hace amarte,
que hace que atraviese los cielos y los mares?
Cuando escucho tu risa, cuando te escucho hablarme,
me convierto en poema que paraliza hasta el aire.

Me crecen alas blancas y vuelo por los aires,
me cubren las estrellas, me protegen las aves,
me guía el monte mismo hacia donde tú te halles,
te encuentro aún dormido, te despierta la sangre,
que corre por tus venas, avisándote que arde,
como brasa caliente que me quema al besarte,
aquí en mis pensamientos recordando el detalle,
que tuviste conmigo esta noche al llamarme.

40

¿Qué me pasa contigo, que quiero yo abrazarte,
que solo tus latidos palpitan en mi sangre?
¿Cómo puedo olvidar a ese amante culpable,
si me devuelve el aliento que perdía constante,
cuando no te tenía, cuando anhelaba yo amarte,
aún sin tú saberlo, y sin saberlo más nadie?

Soñaba cada noche con un romance palpable
que tocara mi cielo en deseo insaciable,
pero faltabas tú, mi amor, mi dulce amante,
el hombre que yo amo, ese hombre que me amase.

Llegaste de repente cuando no esperaba nada,
porque mis esperanzas las guardé una tarde,
aburrida y sombría por no creer que alguien
existiera en mi vida que me saciara tal hambre.

Y tú te convertiste en el mejor detalle,
en suspiros y sueños, de azúcar y romances,
en aromas calientes, en calientes volcanes,
a punto de estallar con tan solo pensarte.

Tu lava rebosante me cubre todo el valle,
ese que solamente se cubre al amarse,
me quema toda entera, cual Pompeya la que arde,
en éxtasis de amor, de amor agonizante,
que respirar ya no puedo por el fuego desbordante,
el calor en mi cuerpo y sudores chorreantes,
con tan solo pensar, con tan solo desearte.

¿Qué me pasa contigo, que no puedo yo olvidarte,
que ahora procuro el vacío para poder así pensarte?,
para amarte en secreto, en silencio apabullante,
en mi eterno deseo de poseerte, expectante,
de que tú aquí regreses, que regreses a buscarme.

Mientras llegue el hastío, seguiré yo desbordante,
cual Vesubio en Pompeya, congelando este instante,
en el que siento yo el fuego de tan grande romance,
ese que a mí me quema, el que me lleva hasta el hades.

¿QUÉ ME QUEDA?

¿Qué me queda después de haberte visto,
de tocar tu piel en esta primavera,
de escuchar el susurro en mis mejillas
del dulce beso, ese el que tú me dieras?

¿Qué me queda después del ardor de aquella noche,
en que fui tuya como en una quimera,
de aquel romance fugaz como una estrella,
que despidió su luz para que yo la viera?

Tan sólo musitar dulces palabras
dichas con suspiros roncos de mi alma,
tan solo recordar tu ancha espalda
y tu cintura estrecha en mis caderas.

¿Qué me queda después de la dulzura
de tus caricias sobre mi piel de seda,
cómo puedo yo seguir viviendo
con esta sed que ahora a mí me quema?

Cierro los ojos y siento tu presencia
revoloteando encima de mi cabeza,
ese aroma tibio de tu cuerpo desnudo
que necesito oler para aliviar mis penas.

Siento el rozar preciso de tus dedos
sobre mi piel temblando en tinieblas,
veo la luz y un destello tan brillante
al poseerme tú así de tal manera.

¿Qué nos queda después de haber amado,
con tanta intensidad e impaciencia?
¿Qué haremos ahora sin poder tocarnos
estando lejos hasta la otra primavera?

Será mirarnos a través de la nostalgia,
será querernos a través de las estrellas,
será esperar que se acabe este año
para desterrar de nuevo esta larga ausencia.

Miro en silencio el boleto que has mostrado
del viaje absurdo de regreso a tu tierra,
llévame a rastras en tus ropas escondida
en tu maleta, en tus zapatos, en tus piernas.

Dime cuándo volveremos a querernos,
dime cuándo, ¡por Dios!, que es una pena,
guardar de nuevo la pasión que nos desgasta,
dime amor, dime, ¿qué es lo que nos queda?

Solo el recuerdo de una noche tan extraña
en que fui tuya agonizante, casi enferma,
suplicando con mis besos que te quedes a mi lado,
que no te vayas al amanecer de mi marea.

Rezaré en silencio, callada mientras tanto
para que tú regreses en una noche cualquiera,
para que se te olvide revisar el calendario
y vuelvas a mí dándome una feliz sorpresa.

Te envío mis besos en cuántico secreto,
a través del correo mental que nos conecta,
sigue el latir sereno de tu pecho,
pues seré yo quien desde aquí estaré alerta.

¿Qué nos queda?, yo se lo qué aún tengo,
y es el amor que has dejado en la ribera,
aquí en mis aguas, en la orilla y en el lecho
de mis pasiones en desenfrenada impaciencia.

¿Qué te quedará a ti después de irte,
será el recuerdo de mi piel aún tan tersa,
esa que tocas en frenético delirio
deseando de nuevo tener cerca?

Cierra los ojos mi amante apasionado
para que sientas a esta mujer que aquí te espera,
para entregarte todo lo que has deseado,
todo, todo lo que a mí aún me queda.

SOLAMENTE POR HOY

Solo por hoy, permíteme quererte,
solamente por hoy déjame soñar
que caminaste helado junto al lago
agarrado de mi mano de cristal.

Solo por hoy déjame esperar la nieve
como si contigo me fuera a acomodar,
frente a la hoguera observando el fuego,
llenando el vacío de mi soledad.

Solo por hoy déjame extrañarte,
besar tus labios en tu foto otra vez,
acariciando tus cabellos dorados,
con esas canas que se asoman a tu sien.

Solo por hoy déjame ser tuya,
en estas letras que no puedo gritar,
imaginar que este amor imposible
después del invierno posible se hará.

Mientras te pienso en cálido recuerdo,
abrazo en silencio esta oscuridad,
pierde el sol el brillo de repente,
y sobre mi cae la noche ya.

Solo por hoy, pues no sé si mañana,
recobre la cordura de no extrañarte más,
déjame ser por hoy tu recuerdo más dulce,
tu recuerdo más tierno una noche más.

Solo por hoy seré tuya de nuevo,
un tierno abrazo te prodigaré a ti,
me dormiré de nuevo en tu pecho
como aquel día cuando te dejé partir.

Olvidaré, olvidaré mañana,
cuánto te he amado en mi sobriedad,
pero permíteme que hoy en mi nostalgia,
siga embriagada retrasando despertar.

Solo por hoy, ¡pero qué locuras digo!,
si tristemente sé que no pasará,
estaré atada por siempre a tu recuerdo, no
solo hoy, sino una eternidad.

TE CONOZCO

Te vi llegar,
aquella mañana,
en el parque,
mientras caminaba,
te presentí,
cuando las hojas secas apartaba,
yo te sentí,
y en una novia entusiasmada
me convertí.

Te idealizaba,
y en algún lugar del planeta
tú me escuchabas.
Y susurré tu nombre
aún incrédula
de que fuera cierto
lo que soñaba.

Oí tus pasos,
y una ardilla traviesa
me interrumpía,
afinando el oído interno
reconectaba,
para volver a sentir
lo que advertía.

Miré al cielo,
y una sonrisa grandiosa
se dibujaba,
en mi corazón alerta
de enamorada,
porque sabía que tú
a mí me esperabas.

Creí en la magia,
no era posible
sentirte tanto,
sentí tocarte
y cerrando los ojos,
sentí tus brazos.

Me protegiste,
en ese momento,
real te hiciste,
y mis sentimientos
los convertiste,
en el realismo,
¡la magia existe!

¿Cómo sonríes?
Siento saberlo
y te imagino,
oigo tu risa,
y me intimido,
porque me gusta,
y me cohíbo.

¿Cómo es tu rostro?
no atino a verlo,
pero lo toco,
beso tu frente,
y te reconozco,
tu aroma siento,
y me sonrojo.

Siento vergüenza
porque me haces
sentir traviesa,
en una niña
tú me conviertes
cuando te pienso
y quiero verte.

Quiero encontrarte,
una mañana,
mientras camino,
tocar tus manos,
sentir tu abrigo,
reconocerte
aún sin palabras,
que nuestras almas,
ellas se hablan.

Yo te conozco,
cuando reposo
y llega la calma,
siento tu aroma
tocar mi cara,
nos conectamos
con la mirada,
puesta en el cielo
o en la nada.

¿Me has sentido,
cuando amanece,
y sientes frío,
cuando el amor
lo quieres contigo,
cuando te falta
una mirada
que tiernamente
diga que te ama?

Ahí me encuentro,
entre tus sábanas
y tus deseos,
acariciándote con mis besos
dados al aire cuando te pienso.

Rezo contigo,
cuando en la noche
o en la madrugada,
a Dios le pides
que te consuele,
mientras yo llego,
mientras lo alabas.

Pido lo mismo,
que me proteja
mientras te sigo,
que te acompañe,
hasta ese día,
que nuestras almas
juntas sonrian.

Yo soy tú mismo,
soy una estrella,
que te ilumina,
eres la luna,
que me acaricia,
somos dos astros,
somos la vida.

Tú me sorprendes,
cuando te pienso,
real te vuelves,
cuando te extraño,
desapareces,
y mi sonrisa
triste parece.

Yo te conozco,
te tuve siempre
en mi morada,
te siento tanto,
cada mañana,
el Amor eres,
¡así te llamas!

ROMANCE INGLES

Ven a rescatarme
mi caballero enamorado,
ven aquí, ven a buscarme,
te necesito a mi lado.
Ya me urgen esas letras
que tú me inspiras mi vida,
ya quisiera yo tenerte,
aunque sea a escondidas.

Siento ya tan necesario
el romance que despiertas,
al tan solo recordarte,
tus palabras que me inquietan,
tus gestos tan pausados,
esa sonrisa tuya tan tierna,
y todo lo que me dices,
todo lo que a mí, a mí me quema.

Necesito esa mirada,
la primera que me dieras,
cuando llegué hasta tu casa,
cuando toqué yo tu puerta,
mojada, tan empapada,
pues la lluvia allí no cesa;
me tomaste de las manos
con caballerosidad tan atenta.

Tus ojos me sonrieron,
con esa dulzura traviesa,
la que tanto a mí me gusta,
que me enloquece y me aprieta,
el pecho en sutil zozobra,
que imparable nunca cesa,
cuando yo estoy a tu lado,
cuando de ti yo estoy cerca.

Me llevaste hasta tu cuarto,
y tomaste mi maleta,
esa roja pequeñita,
que llevaba yo a cuestas,
la abriste con mucho cuidado,
como evitando romperla,
eres tú tan delicado
que hasta a mí me da vergüenza.

Sacaste despacio una bata,
mientras quitaba mis prendas,
esas mojadas que ahora
me costaba sostenerlas,
estaban tan empapadas,
pues llovía en Inglaterra,
en Londres el agua no para,
la lluvia allí no da tregua.

Llegué a las tres de la tarde
para darte una sorpresa,
pues sabía que en Londres
te encontraría en primavera,
estabas tomando un descanso
de esos viajes que te estresan,
esos que haces por trabajo,
los que no dejan que yo te vea.

Me miraste con deseo,
cuando quedé yo deshecha
de mis ropas tan mojadas,
las que quité con pereza,
me tomaste de las manos
y me acercaste a tu cuerpo,
me besaste tú en los labios,
húmedos, pero despiertos.

Te sentí temblar despacio,
y palpitándote el pecho,
acariciabas mi cuerpo
explorando con tus dedos,
a esta mujer tan amada,
que atravesó todo el cielo,
para estar ahí contigo,
para llenarte de besos.

No hubo tiempo, no hubo espacio
para contarnos las penas,
nos bebíamos el deseo
como si fuera una cerveza,
con esa sed de borrachos,
esa sed que tanto quema,
cuando necesitan un trago,
que el aliento les devuelva.

Acaecía la noche,
esa noche sin estrellas,
yo no las necesitaba,
pues contigo estaba quieta,
veo toda una galaxia,
cuando me tocas las piernas,
cuando tus manos me rozan,
cuando el deseo me inquieta.

Te paraste de la cama
a prepararnos la cena,
te miré desde mi espacio
respirando satisfecha,
preguntándome qué tienes,
¿qué tienes que a mí me atormenta?
cuando te vas tú de mi lado,
cuando a Qatar tú regresas.

¿Será que temo a escondidas
que te hechicen esas tierras,
de tiendas, desiertos, mujeres,
de magia, oasis y princesas,
será que no quiero perderte,
que me asustan esas fiestas,
esos harenes fantásticos,
llenos de mujeres bellas?

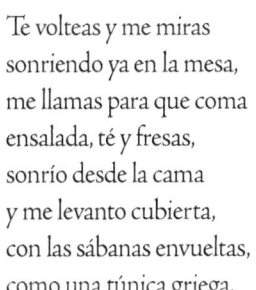

Suficiente con mirarme,
te conviertes enseguida,
en aquel borracho sediento
que reclama su bebida,
vuelves entonces a amarme,
con una sed insaciable,
esa que ahora quisiera,
esa que no me sacia nadie.

Te volteas y me miras
sonriendo ya en la mesa,
me llamas para que coma
ensalada, té y fresas,
sonrío desde la cama
y me levanto cubierta,
con las sábanas envueltas,
como una túnica griega.

¿Dónde estás mi fiel amante,
mi adorable caballero,
dónde estás que este romance
sin ti no termina el cuento?
Quiero verte, que aparezcas
en mi puerta una tarde,
como aquella tan lluviosa
que hasta el cielo me elevaste.

Tú te ríes a carcajadas
por ese espectáculo alegre,
el que voy yo dando tumbos,
con las sábanas a cuestas,
prefiero dejarlas en el piso
y acercarme así a la mesa,
vestida solo en mis pieles,
desnuda, sin nada, completa.

Dime que quiero encontrarte,
que me está faltando el aire,
dime que tomo de nuevo
mi maleta roja de viaje,
dime, que si me lo pides,
donde estés iré a buscarte,
dime, que sin tu cariño
no tiene sentido el romance.

ROMANCE EN GRECIA

Esta vez nuestro viaje sería a Grecia, a ese país que había soñado tantas veces conocer un día con él. Imaginaba aquellas casitas blancas y esos mares color turquesa frente a mí. Cerraba los ojos y podía oler el aire que venía desde aquel océano inmenso, insondable, que conocía nuestro gran secreto; el salitre tocaba mi cara, y los rayos del sol me deslumbraban tostando mis mejillas ardientes y rosadas…

Había desayunado tantas veces con él en mis pensamientos: pan con aceite de oliva y queso parmesano, una taza de café caliente, miel y fresas dulces, sentada en el balcón, en mi pequeña silla de madera mirando hacia la playa: las cortinas blancas de visillo que se mueven con el viento caliente que entra por los ventanales azules de madera; el sol brillante, más brillante que siempre, y esa sonrisa grandiosa del hombre que amo.

Me levanté muy temprano, no pude casi dormir esa noche anterior, la excitación era demasiado grande, demasiado tiempo deseando que llegara ese momento. Había pasado más de un año desde nuestro último encuentro en Maryland, aquel encuentro que se dio por sorpresa cuando él me visitó en la presentación de mi libro. Desde entonces me he dedicado cada día a imaginar cómo sería la próxima vez…planificamos que cada año tendríamos una semana para nosotros, en algún lugar del mundo. Yo aprovecharía los viajes para buscar la inspiración para mis novelas, y él sería mi fuente, mi musa, el protagonista de esas historias que luego pondría sobre papel.

Lo observo caminar hacia mí con su pantalón gris de pijama, y sin camisa, con ese torso desnudo y atractivo que tanto me gusta, llevando en sus manos una taza de té. Yo lo miro desde mi silla con la sensación de que siempre estaremos juntos, de que siempre existirá Grecia para nosotros, y de que nunca dejaremos de amarnos. Acercándose a mi rostro me da un beso con los labios sabor a manzanilla; yo le quito entonces la taza de las manos para darle un abrazo, aún sentada en mi silla de madera. El me levanta suavemente y me toma en sus brazos para llevarme a nuestra recién estrenada cama de hotel, con la intención de hacerme el amor.

Me abrazo a su cuello y echando mi cabeza hacia atrás río a carcajadas, porque apenas empieza el día y ya nos deseamos de nuevo. Me dejo simplemente llevar por él, por sus deseos, por su pasión, por sus ansias de estar conmigo. Me coloca sobre la cama, tendida con sábanas blancas, impecablemente blancas, mirándome con una mezcla de dulzura y necesidad, cuando un toque inesperado en la puerta interrumpe nuestro idilio: era el camarero que traía el hielo que yo había pedido minutos antes, cuando él aún estaba en la ducha.

Se levantó y abrió la puerta algo frustrado, mientras yo me reía divertida mirándolo desde el lecho; me deslicé debajo de las sábanas, me quité el pijama que llevaba puesto, me acurruqué, y con la cara hacia el techo respiré profundo y cerré los ojos. El recibió el hielo, y lo puso inmediatamente en el congelador; cerró la puerta y se apresuró a acompañarme. Nos arropamos perezosamente y sonriendo él, ya de mejor humor, me acarició el cabello, besó mis manos y pronunció mi nombre, jurando amarme más que a su propia vida. Se acercó a mis labios y los rozó despacito con la nariz, haciendo iguales caricias en toda mi cara. Alzó su mano derecha, levantó delicadamente mi mentón y me besó, esta vez con más ternura que pasión.

Yo acaricié entonces su cuello, y fui bajando por su espalda con mis manos, para luego subir despacio hasta la nuca, tocando con mis dedos sus cabellos bañados de plata por el paso del tiempo; lo empujé con fuerzas hasta mí, y rozando mis senos contra su pecho, lo besé apasionadamente, queriendo ser suya una vez más, en cuerpo, como ya lo era de alma. Poco a poco y con suaves movimientos me hacía parte de él, como si bailáramos una danza antigua perfectamente coreografiada; su voz se tornó más ronca, casi inaudible, cuando me decía al oído lo mucho que me amaba. Yo susurré su nombre y le pedí que me abrazara, apretando mis dedos en su piel bronceada con tanta pasión, que creí que le haría daño. El continuaba besando cada centímetro de mi cuerpo, ya ambos empapados de sudor en aquella calurosa mañana de otoño, como si no quisiera que ese momento terminara nunca, como si quisiera prolongar el éxtasis infinitamente, como si pensara que al soltarme dejaría de ser suya para siempre... hasta que, sofocada de tanto amor, rodeé su cuerpo con mis piernas para que así pudiera poseerme de manera total, y en un solo gemido, desgarrante, apasionado, casi infernal, nos entregamos los dos...

La puerta del balcón continuaba abierta, el sol entraba como un farol sobre la cama; aspiré, aspiré profundamente el olor del mar, y me rendí satisfecha sobre el pecho de mi amado, que descansaba sonriente embriagado de amor.

AÑORANZAS DE UNA ISLEÑA

Qué triste mañana cubierta de sol
de luces silentes evocando el amor
de aquellas palmeras cargadas de olor
de verdes sonrisas de mi amada nación.

Hoy te extraño tanto que vuelo hacia ti,
las lágrimas corren tiñéndome de gris,
volviendo borrosa mi sonrisa de ayer,
deseando tanto volverte a ver.

Es cierto que de lejos se te ve aún mejor
pero yo prefiero sentir tu calor,
tocar con mis dedos tu arena marfil
de tus tibias playas al bañarme yo en ti.

Extraño tu gente, sus risas y más
todo lo que un día dejé yo atrás,
hoy solo quisiera poder regresar
y estar en la cima de la felicidad.

El mundo es el mismo donde quiera que estés
la gente igualmente quiere y no quiere a la vez,
lo único que importa es lo que quieras tú,
en Santo Domingo, Europa o Perú.

Yo quiero mis playas y el ancho del mar,
ver el azul del cielo cuando al despertar
mire por mi ventana abierta sin par,
desde el mosquitero en la cama triunfal.

Quiero el café caliente al amanecer,
llenar mis pulmones sonriente otra vez,
al respirar serena el sereno de ayer,
ya no más inviernos que enfrían mi sien.

Quiero volver a Misa los domingos a pie,
saludar en la plaza a la vecina y a él,
aquel dulce anciano de la puerta y poder
dar una limosna sin preguntarme por qué.

Hoy extraño tanto lo que dejé yo atrás
que solo me pregunto ¿por qué lo dejé escapar?
la vida es el momento que podemos disfrutar
con la familia, parientes y amigos de verdad.

Hoy retornaría a casa con mi alma dolida,
como aquel hijo pródigo que menciona la Biblia,
 descubriendo que el tesoro que creía encontrar
era esa familia que dejaba yo atrás.

Recogería mis sueños y los volvería a guardar
en una gran maleta para volver hacia atrás
a vivirlos en mi Patria donde era feliz,
aunque no lo sabía hasta que salí yo de allí.

Agradezco sin embargo todo lo que aprendí,
me llevaré la sonrisa de otros que conocí,
con el mismo sueño creyendo descubrir
un mundo diferente al que dejamos allí.

Extrañaré el invierno en mi eterno verano,
extrañaré los grises al bañarme de sol,
cuando el azul del cielo me devuelva el aliento
que lejos de mis playas he perdido yo.

CARTA DE AMOR

Mi querido y joven amante, hace tan poco tiempo que me he despedido de ti, en aquel aeropuerto lleno de gente con prisas, rodeados de maletas y despedidas de todo tipo, convirtiendo en tan frío nuestro secreto momento de amor; sin embargo, no he parado de extrañarte ni un solo instante. No he podido dejar de verte avanzar con lentitud hacia la fila de migración donde te irás nuevamente de mí; tu espalda como mi último recuerdo de ese triste día, y mi ansiedad como única compañera hasta hoy...

No he parado de imaginarme a tu lado, caminando juntos en algún parque, sonriendo y hablando de las maravillas del amor, o de lo cansado y abrumador que puede ser el trabajo para ti, rodeado de gentes, sin un momento tranquilo para pensar en nosotros o para escribirme un te quiero... Me he tomado un café contigo en Londres, y hemos contemplado juntos un atardecer en alguna playa del Caribe, sonrientes, ligeros, sonámbulos de tanta pasión...

He sentido la brisa caliente del mar en mi cara y he aspirado el salitre mientras arreglo mis cabellos rebeldes y rizados ante la impaciencia de mis dedos, y tu sonrisa juvenil tan deslumbrante en tus escasos 35 años, observando las estrellas en esa maravillosa noche de luna llena; o pensando en algún poema de amor, seguramente compuesto para ti.

Tú me observas en silencio, algunas veces divertido, extasiado ante el esplendor reluciente de mi cuerpo en mis cuarentas... ¿Cómo hemos llegado a enamorarnos de esta manera tan loca, tan ardiente, tan descontrolada cuando estamos juntos? Creo que te han conquistado las pasiones contadas por mí, sobre mis historias vividas o inventadas, en arrebatos de romance, y a mí me ha atrapado tu forma de amarme, con esa juvenil inocencia mezclada con tan viril ardor al hacerme el amor...

¿Qué pasa por tu mente en este momento? ¿Acaso quieres adivinar mi siguiente verso? Pues seguramente será para ti, y hablará de tu dulce y aniñada sonrisa, de los latidos acelerados de mi pecho cuando me rozas con tus besos tibios de enamorado; de los atardeceres lluviosos en tu ciudad, o de nuestro próximo y anhelado encuentro aquí en América...

Déjame conocer el mundo a través de tus ojos, déjame mirar el sol al mismo tiempo que tú, mientras caminas descalzo en la playa, y el agua toca tus pies; o hazme un espacio a tu lado cuando cubres tu cabeza con un paraguas al pasear por tu ciudad, a veces tan sombría, a veces tan lúgubre... y abrázame fuerte, fuerte, atrayéndome junto a tu pecho, tú en tu abrigo marrón y tu bufanda roja de invierno, esa que he tejido para ti en mis noches de nostalgia; yo en tus pensamientos, volviéndome real cada vez que ves pasar a una sonriente mujer, o alcanzas a ver una flor amarilla dibujada en la chaqueta de alguien más...

Cuéntame, cuéntame cómo es esa ciudad donde te has ido a trabajar, háblame del desierto, de las tormentas de arena y de la soledad de tus noches sin mí, sin tu amante. Sé mi musa más perfecta, y yo me convertiré en la poetisa de tus aventuras, esas que luego repetirás nostálgico a tus futuros nietos, cuando la juventud que hoy adorna tus años se haya marchado, para dar paso a la senectud que nos aguarda a todos algún lejano día.

Permíteme acompañarte desde la distancia, escribir cartas para ti, y leerlas por las noches para que puedas escucharlas mientras descansas en tu cama de hotel, en esos lugares mágicos donde duermes cuando la labor te arrebata de mí. Te contaré sobre mis días, mis paseos, mis proyectos; sobre cualquier trivial momento que alegre mis mañanas en algún parque, en mis caminatas matutinas rodeada de ardillas o de hojas secas; narraré para ti mis impresiones sobre Manhattan, sobre la ciudad despierta, mientras observas la luna en tu mágico desierto de Qatar...

En fin, te contaré sobre mí e idealizaré sobre nosotros, para cuando la vida nos permita juntarnos nuevamente, podamos sentir que hemos estado cerca siempre, en cada una de nuestras memorias, en cada suspiro, en cada fantasía vivida en estos años a destiempo, enamorados, absortos y embriagados de una pasión que será eterna, inextinguible e inmortal...

LAS HORTENSIAS YA SE HAN IDO

Ya las luces de Manhattan
no brillarán con tu presencia,
ya no puedo hacer contigo
esos planes que me alegran,
ese abrazo que nos dimos
hace años aún me llena
de presencia, de cariño
del amor que ahora vuela.

Hasta siempre, hasta luego
adorada tia-abuela,
la más cerca de mis hijos
la que siempre nos recuerda
sonreir aunque el hastío
nos haga perder la paciencia,
tu alegría, tu cariño
se han convertido en estrellas.

Las hortensias ya se han ido
se han marchado las hortensias,
el azul se ha desteñido
ya no adorna su presencia,
esperaban tu venida
para florecer en fiesta,
las hortensias han partido
al lugar donde te esperan.

Ya el camino recorrido
junto a ti en primavera
será triste, será frio
el invierno nos espera,
nunca más veré contigo
ese parque tan querido,
ya los patos no te esperan
ya el banco se ha corroído.

Te despido con mis letras,
con este triste poema,
¿A dónde te has ido tía?,
te has llevado las hortensias.

(En memoria de Lourdes Zorrilla)

ILUSIONES

Me miras
con mi ropa colorida,
te admiras,
alborotas tus sentidos
imaginas
si acaso tú me vieras
dormida
ataviada con escasos ropajes
cubriendo solo mis partes más íntimas
como musa distraída
vestida
haciéndote soñar despierto
tocando con pudor
mi cuerpo
temblando tus manos
un momento
antes de hacerme tuya
a destiempo.

Y sueñas
si tuvieras a esa mujer
de frente
su sonrisa traviesa
de siempre
finalmente junto a ti
resplandeciente
avivando la llama
silente
que apagada estaba
dormida
esperando ser iluminada
ardiente
y las pasiones atrasadas
se encienden,
y recuerdas otros dulces
momentos
cuando no te atreviste
a hacerlo
a decirle simplemente
te quiero.

Y rezas,
que el tiempo devuelva
los gestos
que esquivaste atrás
en silencio,
esperando que ella supiera
tus deseos escondidos
por ella,
que adivinara tus íntimos
secretos
al caminar junto a ella
sintiendo
que no era posible tenerla
por etérea quizás
por tímida
cual fantasma volátil y frágil,
que se deshace flotando tan fácil.

Y vuelves,
a mirar otra vez
la foto
que comparte contigo
y con otros,
y respiras tranquilo
absorto
en el brillo total
de sus ojos
que te dicen te espero,
y ansioso
musitas para ti
palabras
que quisieras compartir
habladas
al oído de ella,
que entusiasmada
te diría que sí
atrapada
en tus maneras recién descubiertas,
esas que ella ignoraba.

Se detiene
de repente en tí el tiempo,
y suspiras en dulces recuerdos
de otras veces cuando compartieron
junto a otros como compañeros,
cuando hablaban de sueños futuros
antes de ambos tomar otros rumbos
en sus vidas sin nada seguro,
solamente llenos de ilusiones
que hoy ya reales se han vuelto
y sonríes satisfecho por eso.

Te despiertas
de tan dulce ensoñación
alerta
te prometes ir muy pronto a verla,
hacer posible que sueñen juntos,
y jugarán de nuevo al pasado,
a momentos ya desterrados
intentando reparar el tiempo
y las grietas que te ha dejado.

No es posible,
sin embargo te sientes valiente,
al menos la tendrás de frente
para abrazarla como quisiste a veces
hace años cuando ella cursaba
junto a ti la carrera anhelada,
cuando ambos construían sueños
y dibujaban inocentes los versos
del poema de sus vidas soñadas.

Hoy se encuentran
cada uno en sus mágicos momentos,
deseosos de abrazar el tiempo
que les queda para demostrarse
que el cariño sincero aún late
en el corazón de ella, aún frágil,
y en el tuyo desbordante y ágil,
cual volcán en erupción latente,
esperando que suceda algo siempre
que rebase la explosión constante
que provocan sus palabras, sus detalles
al leerla cada noche pendiente
de sus letras apasionadas y ardientes
de esa mujer con quien sueñas de
repente.

¿QUÉ TE PARECE?

¿Qué te parece si hoy
hacemos como que escuchas,
lo que te dicen mis labios
cerrados cuando susurran?

¿Qué te parece si hoy
inventamos una novela
donde tú seas el galán
y donde yo sea tu reina?

Déjame soñar contigo
como si te conociera,
cerrar los ojos en dulce idilio,
sonrojándome junto a la puerta.

Déjame creer que te espero
esta noche aquí en mi casa,
para tomarnos por entero
el placer que me desgasta.

Déjame sentirte muy cerca,
aunque no te haya tocado,
sentir el calorcito tibio
de tu amor entusiasmado.

Creeré por un instante
que soy tuya cuando sientes
que has tocado con tu alma
mis pasiones tan ardientes.

¿A qué hueles cuando bañas
de perfume tus mejillas?
¿Será a madera profunda,
impregnando así la brisa?

¿Qué haces al levantarte,
tu rutina matinal?
Déjame prepararte
el café o el croissant.

Quisiera hoy esperarte
levantada en la cocina,
cuando tú salgas del baño
con perfume en tus mejillas,
para recibir el beso,
ese de los buenos días,
y desearte también
bendiciones y alegría.

¿Qué te parece si hoy
soy tu compañera amada?
Juguemos al matrimonio,
e imagina que me amas.
Yo te amaré también,
y te entregaré mis anhelos,
en una dulce sonrisa
te entregaré mis te quiero.

¿A qué hora te retiras
a encontrarte con Morfeo?
Yo a las doce en punto,
como la princesa del cuento.

¿Sueñas acaso conmigo,
inventándome en tus sueños?
Yo soñaré hoy contigo,
eso yo te lo prometo,
y despertaré a tu lado
llenando el vacío completo,
ese que queda en tu cama,
desde hace mucho tiempo.

Imagíname invisible,
materializarme ante tus ojos,
ponme el rostro que quieras,
el que llene tus antojos.
yo a ti te veo como eres,
tu interior que se desdobla,
en amor, deseo ardiente,
el que me quema las ropas.

¿Qué te parece si hoy
somos perfectos amantes,
satisfaciendo los dos
nuestros deseos inquietantes?

Mañana despertaremos
de este sueño fascinante,
y regresaremos de nuevo
a la rutina constante,
pero ya seremos otros,
transformados nuestros rostros,
en felicidad eterna
de aquel maravilloso instante,
cuando estuvimos unidos
en deseo suplicante,
saboreando de las mieles
de pasiones prohibidas,
vividas solo en la mente,
no en la piel, pues dolería,
al despertar la conciencia,
de estar con quien no debía.

¿Qué te parece si hoy
tú haces como que me amas?,
y yo te daré mi vida,
como tu novia soñada.

64
MI TEMPLO DE ORO

Te siento,
desde que tengo memoria,
te observo,
camino dormida en tus prados,
sonriendo,
sobre las piedras húmedas
de tus senderos,
hasta el altar abierto que espera
mis ruegos.

¿Qué eres? ¿Eres mi casa,
o un templo?
cuando recorro tus habitaciones
me pierdo,
en ensoñaciones tan plenas,
despierto.

Tus frescas corrientes
me llevan
a imaginarme en el cielo,
tan plena,
cuando me mojo alegre
en tus riberas,
como una criatura marina
cual sirena.

Tus aguas claras cristalinas,
que escucho,
cuando el oído afino,
el murmullo,
como el cantar silvestre
del mundo,
tus arroyuelos limpios,
de embrujo.

Camino descalza,
y dormida,
entre tus rosales
de espinas,
sin lastimar mis pies,
aunque herida,
pero de un gran placer,
embebida.

Sonámbula soy,
a veces,
cuando me interno en ti
sonriente
volviéndome oración
eterna
rezando con devoción
despierta.

Cuando mis ropas dejo
desnuda,
purificando allí
mis dudas,
ropajes nuevos
me buscas,
transformándome así,
¡aleluya!

Sigo caminando
entonces
por senderos verdes
de bosque,
hasta llegar a la planicie
conforme
de lo que mis ojos ven
enorme.

Tus montañas amplias
de inciensos
a tus majestuosas cumbres
observo
mis oraciones profundas
te entrego
al mirar tan alto
me elevo.

Eres paraíso
de plata
borrascosas nubes
me espantas,
vengo a renacer
ataviada
como a una virgen pura,
me tratas.

Eres ese templo
dorado,
que me vuelves al espíritu
sagrado
de sabiduría llenas
mi espacio
mis deseos, y anhelos
mis manos.

Salgo convertida
en hada
unas alas nuevas
dibujadas
sobre mi rostro alegre
encantada
con esa gran tibieza
en el alma.

CUANDO ME HAYA IDO

Y verás esa sombra
cuando ya te hayas ido,
cuando el túnel hiriente
atravieses sombrío,
cuando no quede nada,
cerca de quien hoy te tiene,
cuando yo tenga todo
en la ilusión de mi mente.

Te tendré yo conmigo,
como te tengo siempre,
en el eterno latido
que me hace quererte,
recogeremos unidos
las migajas del tiempo,
para tejer de nuevo
nuestro amor ya inerte.

Atizarás tú el fuego
de la hoguera apagada,
cubrirás tú mi cuerpo
con la caliente manta,
beberemos el té,
ese que preparaste
hace ya tantos años
cuando tú te marchaste.

Y te sentarás a mi lado
mientras tejo en las noches,
y desenredarás el hilo
sentado en el borde,
de ese mueble raído
de tantos años de uso,
en el que duermo sentada
en silencio profundo.

Estarás dando vueltas
en algún bello recuerdo,
te miraré tan absorta
en el espejo del tiempo,
me acompañarás por siempre
aunque nunca has estado,
cuando tejo en las noches,
cuando tejo a tu lado.

Quizás vayas primero,
quizás vaya contigo,
talvés me toque a mi
adelantar el camino,
una cosa es segura:
en aquel otro sitio,
me acompañará tu recuerdo,
tú seguirás conmigo.

Nada impedirá entonces
que te de mi cariño,
el amor que he sentido
en los tiempos de frío,
cuando tejo de nuevo
mis bufandas calientes,
en este crudo invierno,
ese que siento siempre.

Me valen las memorias,
me valen los anhelos,
de todos esos sueños
que hoy se tiñen de espectro,
volarán en el polvo,
las partículas muertas,
de los amores escritos
en olvidados versos.

Ya no habrá más espera
ni eternos silencios,
ya habrá luz en las sombras,
ya habrá paz en mi cielo,
cuando hayas cruzado,
cuando tú te hayas ido,
cuando te haya seguido
para estar yo contigo.

Cuando ya me haya ido,
cuando sea un recuerdo,
quedarán encriptados
mis poemas ya viejos,
todas la pasiones,
todos mis deseos,
los que tuve contigo,
los que tuve con ellos.

Hablarán por sí solas
las letras tan sentidas,
contarán mis historias,
contarán nuestras vidas,
cada una en su sitio,
cada una a su hora,
y sabrán mis lectores
lo que siento yo a solas.

Encontrarán esa llave,
la que abre mis secretos,
pondrán voces alegres
a todos mis silencios,
ya no importará entonces,
lo que hayan leído,
ya no importará, pues
yo ya me habré ido.

Quedará solitario
el sillón junto al fuego,
quedarán en un rincón
los hilos y los miedos,
no habrá ya más nadie
atizando la llama,
de aquella chimenea
que calentaba mi alma.

Volveremos entonces,
a tener veinte años,
y podremos de nuevo
soñar como antaño,
hacer planes unidos
para algún futuro incierto
que nunca viviremos,
el que nunca tendremos.

Se irá la primavera
y vendrá el verano,
se caerán esas hojas
que pisaremos de nuevo,
en un lindo otoño
colorido y eterno,
aguardando estar juntos
para siempre en invierno.

Cuando yo me haya ido,
cuando deje este mundo,
me llevaré yo conmigo
mis amores profundos,
vivirán para siempre
en mis versos escritos,
vivirán para siempre
cuando yo me haya ido.

DESPERTAR DEL ROMANCE

Estaba muriendo, no lo sabía, pero estaba muriendo,
la conformidad me estaba consumiendo,
y llegaste tú con tu fulgurante hechizo
y me rescataste del aletargado infierno.

Estaba dormida, no lo sabía, pero estaba dormida,
podía morir, y no lo sentía,
hasta que el sol deslumbró mi vida
y desperté de ese sueño de ignominia.

Estaba cediendo, no lo sabía, pero estaba cediendo,
toda mi pasión, todo mi intelecto
a la absurda idea de conforme sueño
que era una mentira, no era mi universo.

Estaba muriendo, pero soplaste un día
el aliento tibio sobre mis mejillas,
me hiciste sentir que siento aún vida
sobre mi ilusión, sobre tu venida.

Pusiste algún sueño sobre mi mesita
dejado al descuido, por si yo lo veía
lo encontré una mañana rezando tranquila
y ahí comenzó de nuevo mi vida.

Me dejabas flores por todo el camino,
el que transitaba cada mañana en el parque,
le diste sonrisas a las ardillas traviesas
para que me sonrieran, para que te notase.

Le diste a las aves un cántico nuevo
para que al cantar yo escuchara tu eco,
diciéndome cosas al oído en secreto
para que despertase del letargo eterno.

Estaba muriendo de a poco en mi alma,
con el desencanto de no desear nada,
la conformidad es la perfecta aliada
de los fracasados, de las telarañas.

Hiciste que el fuego encendiera la chispa
de curiosidad sobre nuestras vidas,
hiciste que el mar burbujeara las olas,
y así yo las viera en aquella aurora.

Sentí nuevo impulso en mi torrente sanguíneo,
recorrer mis venas por nuevos caminos,
surgieron entonces repentinamente,
el amor y el idilio, y comencé a quererte.

El idilio feroz de una enamorada
que respira hondo desde su almohada,
pensando en silencio en murmullo profundo
en su enamorado y en vencer al mundo.

Apareció el romance tan efervescente,
ese que presientes y que te vuelve inconsciente
ese suplicar que de nuevo amanezca
para poder verle, para estar alerta.

El latir constante de tu órgano madre,
el corazón tibio que casi se sale,
cuando sabes que el amor te toca la puerta
y le abres con miedo a que desaparezca.

Ese no creerte que eso es posible
que te ama tanto, que es casi imposible,
ese suplicar que no pase nunca
eso que tú sientes y que te deslumbra.

Ese caminar en camino de nubes
bajo una nevada, domingo o lunes,
ese escaparse de todo lo humano
para escuchar la voz de tu ser amado.

Sentir ese frío ardiendo en tu rostro
con una sonrisa, hablándole al otro,
querer que las aguas heladas calienten
solo con sentir lo que el otro siente.

Sentir el invierno más bello que nunca,
imaginar la playa, aunque no vayas nunca,
creer que caminas con tu amor de la mano,
aunque esté muy lejos y no se hayan tocado.

Oír nuevamente el sonido del mundo,
el que estaba dormido en un sueño profundo,
despertar las ansias de volar a su lado,
quitar las barreras, aunque estés cansado.

Estaba muriendo y no lo sabía
ya no respiraba, estaba vencida,
y llegarte tú con el aliento tan fresco
insuflándome luz, tu fe y el misterio.

Estaba dormida y no lo sabía,
yo solo soñaba, estaba rendida,
y llegaste tú tocando a mi puerta
y me despertaste, ya yo estoy despierta.

Estaba cediendo y no lo sabía,
toda mi pasión ya no era la mía,
y llegaste tú convertido en el fuego
avivaste mis llamas y casi me quemo.

Estaba muriendo, mas ahora estoy viva
hoy vivo de nuevo como tú querías
cuando me llamaste a través del lucero
que brilla en el cielo, con un gran destello.

Lo pusiste ahí para que él me cuidara
al salir de casa, tras de tu llamada
para que yo no perdiese nuevamente el camino
en busca de ti, siguiendo el destino.

Estaba cediendo, mas ahora no quiero
dejar de seguirte, seguiré mis sueños,
ahora soy otra con nuevos ropajes
yo soy el amor y tú el romance.

EL PASILLO DE MI MENTE

Y me descubro dando vueltas
en el pasillo de mi mente
a espera de una alerta
que delate que voy a verte.

Y recorro mis canciones
a ver cuál es la adecuada
para recibirte esta noche
para que me calmes las ganas.

Estas ansias locas de amarte,
estos deseos extasiados de fuego,
estos pensamientos constantes
que repiten tu nombre en un eco.

Y me devuelvo a escondidas
del dominio total de tu tiempo,
y vigilo en sigiloso tormento
esperando el asomo de un recuerdo.

Se van calmando mis ansias
cuando recuerdo algún beso
mi lengua retoza impregnada
del sabor de abril de tu cuerpo.

La brisa, la noche, las velas
me traen entero el momento
cuando tú me hiciste tuya
en apasionante tormento.

Y regreso en silencio al pasillo
donde te espero a diario en silencio
donde mi memoria conecta
con lo más sutil del evento.

Aquel hermoso momento
cuando todo era perfecto
donde solamente tú y el viento
alborotaban mis cabellos.

Cuando las olas calladas
del mar turquesa anunciaban
que me tomarías de nuevo
en aquella ardiente playa.

Y camino de puntillas
en las arenas del tiempo,
y me baño de recuerdos
con saladas olas y tiemblo.

El mar me toca en la cara
al recorrer mis mejillas,
esas lágrimas saladas
que se deslizan enseguida.

Y el viento retoza de nuevo
con mis cabellos tranquilos,
y los pies se queman a ratos
en las arenas de este idilio.

¡Cómo recuerdo tu cuerpo
en este dulce vestigio,
en el mar de mi memoria
en este mental pasillo!

¡Cómo caminas sonriente,
cómo reposas tranquilo,
cuánto desearía verte
materializarte conmigo!

Y me descubro nuevamente
en este oscuro pasillo
recreando eternamente
mis ensoñaciones contigo.

LA CARTA

(Ganadora del sexto lugar en el primer concurso de cartas de amor y arte, abril 2018. New Jersey, USA.)

Todo lo que me importa saber es si aún vives; hace tanto tiempo que perdí tus huellas, que no sé nada de ti, y me parece increíble: como éramos tú y yo, tan amigos, tan cercanos... Te escribía casi a diario, aunque sabía que era imposible que leyeras todas mis cartas. Cuando me sentía triste sólo el pensar en ti me devolvía la alegría y las ganas de vivir; cuando me sentía feliz y no estabas a mi lado, entristecía por la ausencia física de tu persona, porque no me verías sonreír, porque no podrías abrazarme y compartir conmigo la dicha de algo hermoso. ¿Qué habrá sido de ti, cuándo te fuiste de mi vida? Es la eterna pregunta que me hago todas las noches, todos los días.

Hace dos semanas que leí en el periódico el fallecimiento de alguien presumo familiar tuyo, por el apellido; quizás tu abuela o alguna tía de tu padre; pero no estaba tu nombre ahí, en la lista de dolientes, y me angustié y quise ir a la iglesia a tratar de divisarte entre la multitud, pero no fue posible y talvés así fue mejor, porque no sé cómo reaccionaría después de tanto tiempo de no mirarme en tus ojos, de no rozar tu mejilla con la mía, de no abrazarte. Éramos tan jóvenes, tan soñadores. Recuerdo el día que nos conocimos personalmente, fue un 19 de noviembre, en el colegio. Fui a una actividad con mi hermana y estarías ahí, mi querido amigo, el que me escribía diariamente las cartas más esperadas de mi vida, aquellas que me escribías después del recreo con tanto cariño. Me contabas sobre tus exámenes, sobre tus tristezas y alegrías, tus sueños y travesuras; querías ser publicista y casi siempre ilustrabas tus cartas, o quizás deba decir: las cartas mías.

Yo también te escribía, pero sólo te enviaba la mitad de lo que quería decirte, el resto era parte de mi diario, aquellas cosas más profundas que me pertenecían tan solo a mí y que hoy vuelven a mi memoria como recién levantadas del recuerdo, y debo confesar que te extraño, ¡te extraño mucho!

Aquella mañana, la primera que pasamos juntos, te sentí nervioso y quizás pude percibirlo porque yo también me sentía así; yo estaba sentada junto a mi hermana en los escalones que daban al pasillo, casi frente a la puerta de entrada; no llevaba uniforme, así que era fácil descubrir que no pertenecía allí, a aquel lugar. Llegaste de repente y supe que eras tú desde que te asomaste a la puerta, con tus jeans azules y tu camisa del mismo color. No te había visto nunca, pero adiviné que eras tú, el que me escribía, mi amigo por correspondencia. Cómo no reconocerte si te conocía tanto; si te había imaginado tantas veces; eras el amigo que había esperado toda mi vida, el que me escucharía cuando todos se negaran a hacerlo, el que me dejaría recostar mi cabeza sobre su hombro sin desearme, sin enamorarse de mí. Eras mi príncipe azul, el de los cuentos de hadas, sin que yo llegara nunca a convertirme en tu princesa encantada, porque no quería llegar a tanto, tan solo deseaba una mano amiga que estrechar, unos ojos en los cuales mirarme y encontrarme a mí misma, como aquella mañana de noviembre, cuando interrumpiste mis pensamientos, cuando paralizaste todo mi cuerpo, menos los latidos de mi corazón que se hicieron más violentos a medida que te acercabas; nuestras miradas se encontraron desde que apareciste en el portón negro de hierro y luego… ambos huimos cobardemente de aquella sensación única, extraña, eterna, y nos refugiamos en las cosas triviales que nos rodeaban, en los saludos fríos de los compañeros, en los chistes absurdos que distraen la atención y calman los nervios, y en las piedras que sobrevivían a nuestras manos indolentes e intranquilas que las lanzaban sin piedad con tal de hacer algo que no fuese mirarnos.

Por fin rompiste el hielo y creaste el encanto durante unos segundos interminables: mencionaste mi nombre y todo a mi alrededor desapareció y solamente quedamos tú y yo, en aquel gran patio, sereno, tibio y más hermoso que unos simples segundos antes. Me reconociste, y me dio gusto comprobar lo que me habían dicho tus ojos, en el momento previo al parpadeo nervioso que nos salvó de la evidencia, de que todos descubrieran nuestro gran secreto.

El timbre sonó y el patio quedó vacío; todos corrieron a sus aulas hasta que llegara la hora indicada de la actividad y me había quedado sola con mis pensamientos, con mis impresiones, y con el beso que me diste prendado en el alma. Llevaba el cabello sujetado arriba, formando una media cola y el resto me caía sobre los hombros, largo, rizado y con un hermoso color castaño. La blusa que llevaba puesta me quedaba algo incómoda y me preguntaba si te habrías dado cuenta, si lo habrías notado. Caminé sin dirección fija, recorriendo todo el colegio, pensando en cuáles serían tus lugares favoritos, en dónde te sentarías a escribir mis cartas en tus horas libres, y avancé hacia el final del patio, atravesando las canchas de juego, y llegué a un banco de cemento desde donde dominaba todo ese gran escenario; me senté y empecé a cantar mis canciones favoritas, aquellas que me salían tan bien y las cuáles deseaba escucharas alguna vez. ¿Llegué a decirte cuánto me gustaba cantar? ¡Creo que no! Hay tantas cosas que no te dije, tantas cosas que me guardé y que hoy quisiera contarte, pero no estás aquí, y lo peor de todo es que ya no habrá tiempo; no habrá más oportunidad para nosotros; ya no habrá más mirar por la ventana ni pararme en la galería a esperar que llegue mi hermana con las cartas que escribías para mí; ya no habrá más respuestas ni más desear encontrarme contigo por casualidad, en la calle, como suele pasar en las películas…

Ahora tengo que dejarte, pues debo entrar en un sueño profundo para tratar de encontrarme a mí misma; tan sólo espero que alguien, que no seas tú, encuentre esta carta y que pueda algún día hacerte saber que aún hasta hoy te he echado de menos.

Con amor;
Victoria.

LUNA DE ENAMORADOS

Ya habrás visto que es luna,
luna de enamorados,
esa que brilla muy fuerte
y que nos permite tocarnos,
en estos versos que escribo,
en los poemas que hago,
al mirarla tan grande,
tan hermosa brillando.

Y si ya sabes que es luna,
luna de enamorados,
¿por qué te escondes mi vida?,
no podremos tocarnos,
como en otras noches tan claras,
como otras de antaño,
cuando veíamos juntos
la luna llena brillando.

Hoy no me siento triste,
y sin embargo te extraño,
hace tiempo que te busco,
pero no logro seguir tus pasos,
pareciera que huyes,
que evitaras acaso,
que al mirarte en la luna
te descubriera lejano.

¿Dónde estás, dónde has ido,
ya no quieres mirarme,
no deseas que yo
logre acaso encontrarte?

Me hace falta quererte,
me hace falta abrazarnos,
desde el lucero que observo
desde mi ventana del baño.

He comenzado alegre
este poema cantando,
mas ahora que escribo
el dolor va avisando,
que quizás estos versos
los termine llorando,
¿dónde estás, dónde has ido,
mi fiel enamorado?

Le he preguntado a la noche,
y al café y al tabaco,
le he preguntado a la copa,
ésta de vino en mis manos,
pero nada me dicen,
no te siento, no palpo,
el placer del recuerdo
se ha ido, se ha evaporado.

Le pregunté a las estrellas
y a las luces lejanas,
las que veo en el cielo
de Manhattan brillando,
al señor del camino,
a las risas y al llanto,
pero solo vacíos
encontré preguntando.

La agonía, el martirio,
se va apoderando,
te has perdido de nuevo
y te sigo buscando,
en el banco del parque
en las rosas del patio,
¿dónde estás, dónde has ido,
no escuchas? ¡Te estoy llamando!

Estoy triste de nuevo,
no te veo en el campo,
de mis largos silencios,
de mi aspecto callado,
el dolor de la noche,
ésta, de enamorados,
ya se escucha en el pueblo
el lamento ha llegado.

Deja que yo te encuentre
al dormir esta noche,
al soñar con la luna,
al rezar que te toque
con sus rayos dorados,
al entrar a tu cuarto
por la ventana abierta,
esa que está a tu lado.

¿Te diste cuenta que es luna,
luna de enamorados?
Ya despierta cariño,
ya no estés más cansado,
que te espero en la luna,
que al mirarla tú un rato,
yo sabré que me miras,
yo sabré que has llegado.

¿QUÉ SI TE AMO PREGUNTAS?

¿Qué estarás haciendo ahora,
mientras yo escribo en silencio?
Quizás leerás un libro,
quizás tengas un recuerdo,
de aquellos amores pasados,
esos, los del destierro,
los que llenaban el cuerpo
de ilusiones y de miedos.

¿Que si te amo, preguntas?,
pues la sola duda ofende,
no he dejado yo lagunas
de lo que haría yo por verte.

¿Qué si te amo, cuestionas?,
pues, ¿qué hago para contestarte?
si en las noches ya no duermo
intentando no pensarte.

¿Acaso miraste al cielo
anoche por tu ventana?
habrás notado al lucero
que mostraba su mejor gala,
ese es mi amor entero
que en luna llena te abraza,
el que yo envío en secreto
para que te alumbre toda el alma.

¿Habrás visto, por si acaso,
esos dragones pomposos,
de aquellos desfiles fantásticos
con bailarines sinuosos,
de coloridos artistas,
de vistosas armaduras,
de esos pueblos de murallas,
de misterios y de brujas?
Ni siquiera esa hoguera
que desprenden esas fieras,
de sus bocas tan ardientes,
que si te tocan te queman,
son tan fuertes, persistentes,
como este amor que me atormenta.

¿Qué si te amo, preguntas?
¿Qué podría responderte?,
si eres tú la misma luna,
si soy yo la misma muerte,
cuando no te siento dentro,
cuando escaparte tú quieres,
de mi mente, mis recuerdos
de esta pasión tan ardiente.

¿Qué si te amo, preguntas?
pregúntaselo al incienso,
ese que sube en la iglesia
cuando tú elevas tus ruegos,
para que se devuelva el tiempo,
para que se vuelva eterno,
cuando te sientes conmigo,
cuando me sientes muy dentro.

¿Qué estarás haciendo, dime,
mientras te escribo en silencio?
tal vez leyendo mis versos,
quizás muriéndote lento
al pensar en mis pasiones,
las que te llenan el cuerpo
cuando al brillar las estrellas
sientes que sin ti yo muero.

Qué si te amo, preguntas,
al sentirte somnoliento,
cuando recuestas tu mente,
cuando te llena el silencio,
cuando me quieres contigo,
cuando tú me sientes dentro.

¿Qué estarás haciendo ahora
cuando le pregunto al viento,
si moverá tus cabellos
cuando te pienso en silencio,
cuando recuerdo tus besos,
cuando recuerdas mi cuerpo,
en aquella madrugada
cuando se apagaba el fuego?

¿Qué estarás haciendo ahora,
qué haces mi amor, qué haces, dime?
acaso me piensas a solas,
acaso la compañía te inhibe,
de suspirar por mis besos
de desearme y seguirme,
con el rastro de la luna
que su grandeza hoy exhibe,
para liberarte de dudas,
sobre si te amo y persiste
este amor de fuego intenso,
de dragones y alebrijes,
de soledades, desiertos,
de murallas imposibles,
de guerreros extinguidos
y de honores que aún viven.

¿Qué si te amo, preguntas?
¿Qué te digo que no sepas?
Te amo tanto que no creo
que otro amor así yo sienta,
ni en la vida ni en la muerte,
ni en reencarnaciones eternas,
yo te amo para siempre,
sea eso lo que sea.